笑顔で全員参加の授業！

ただただおもしろい
指名の方法48手

垣内 幸太 著

楽しく発言を整理する！
楽しく意欲を喚起する！
楽しく考えや人をつなぐ！

明治図書

はじめに

授業中，子どもたちは笑っていますか？

授業をしながら，先生自身は笑えていますか？

わかった時の喜びの笑顔，仲間と学び合う楽しさからあふれる笑顔，

学習内容を全員に獲得させた時の会心の笑顔……

もちろん学習内容で笑顔になれることが一番です。

だけど，性格や学力も含め，いろいろな子どもがいる教室。

毎日のすべての授業でそんな笑顔を生み出すのは至難の業です。

学習内容を獲得することが最大の目的である授業。

その過程で，いろいろな要素が組み合わさって１つの授業となります。

その小さな要素にひと工夫加えて「ただただおもしろく」してみませんか。

相撲の決まり技48手。勝つという目的のために48の技が存在します。

本書では授業を「ただただおもしろくする」という目的に向かって，

「指名の方法」48手を紹介します。

挙手している子どもを「では，○○さん」と指名する先生。

立ち上がって意見を述べる子ども。

全国の学校で当たり前に見かける光景です。

ここにちょっと「笑い」の起こるエッセンスを加えてみます。

「○○先生おもしろいから大好き！」

子どもたちからもらう最高のプレゼントですね。

さぁ，まずはできることからはじめてみませんか？

2018年７月　　　　　　　授業力＆学級づくり研究会　垣内幸太

●●● Contents ●●●

はじめに　3

- 指名の基礎知識　9
- ただただおもしろくする指名のコツ！　11
- こんな時にはこんな指名！　13

ただただおもしろい 指名の方法 48 手

これは必須！ 定番指名

1. ランダム指名　16

2. 日付指名　18

3. 出席番号指名　20

4. 列あて指名　22

5. ○○順指名　24

6. 右⇔左指名　26

7. 肩ポンポン指名　28

8. 挙……指名　30

当てる方も当たる方も！
演技派指名

9 挙手している人の……指名　32

10 挙手意図別指名　34

11 挙手自信度別指名　36

12 やる気あるなし指名　38

13 顔アピール指名　40

14 全身アピール指名　42

15 発表したい演説指名　44

16 発表させたい演説指名　46

17 フェイント指名　48

18 指あっちこっち指名　50

19 目が合ったら指名　52

20 ウインク指名　54

意外性をねらう！ ゲーム指名

- 21 鉛筆倒し指名　56
- 22 くじ引き指名　58
- 23 ○秒後指名　60
- 24 国語辞典指名　62
- 25 占い指名　64
- 26 神様の言う通り指名　66
- 27 紙飛行機指名　68
- 28 我慢対決指名　70
- 29 じゃんけん指名　72
- 30 しりとり指名　74
- 31 さあ，どっち！指名　76
- 32 似顔絵指名　78

ペアでグループでクラスで！交流指名

- 33 友だち指名　80
- 34 絶対答えてくれそう指名　82
- 35 「せーの！」指名　84
- 36 無指名指名　86
- 37 おとなりさん指名　88
- 38 盛り上がってる組指名　90
- 39 となりの人いいな指名　92
- 40 グループの代表指名　94
- 41 みんなで声をそろえて……指名　96
- 42 みんなでジェスチャー……指名　98
- 43 全員指名　100
- 44 わかる人→わからない人指名　102

45 わからない人→わかる人指名　　104

46 全員で声をそろえて……指名　　106

47 わかった人から……指名　　108

48 発表ビンゴ　　110

指名の基礎知識

指名とは，読んで字のごとく「名をよんで，ある人を指定すること」です。授業の目標は，学習内容を獲得させること。その中で，指名の果たす役割は小さくありません。

授業のゴールに向かうための「指名」の役割！

■整理する

　授業は，教師と子どもたちの言葉とともにつくられていきます。しかし，授業中，常に子どもたちが好き勝手に言葉を発していたならば，授業は成り立たなくなってしまいます。かと言って，常に教師が一方的に話し続けるだけの授業では，子どもたちは受け身になり，意欲も続かず，期待通りの学びの成果も望めないでしょう。

　授業では，学習内容に直接向かう発言もあれば，遠回りする発言，まったく違う方向へと行ってしまう発言など様々です。その子どもたちの発言をうまく整理して，学習目標に導いていくことは「指名」の大きな役割です。

■意欲を喚起する

　すべての子どもたちを意欲的に授業参加させることはわたしたちの大きな務めです。先生に指名され，仲間に自分の考えを話す。それに対して，先生

や仲間から反応をもらう。これは大きな喜びです。学習の意欲へとつながります。

　しかし，すべての子どもが最初から元気に手を挙げて，自分の意見を堂々と言えるわけではありません。苦手な子どももたくさんいます。発表することが意欲を減退させる原因になることも少なくありません。そんな子どもたちにも，ひと工夫した「指名」をすることで，すこしずつ発表する喜びを感じさせることができます。

　ただ，同じ子どもばかり指名したり，同じ子どもばかりが発言したりする授業では，すべての子どもの意欲を喚起することにはつながりません。状況を捉え，どの子どもも授業の中で自分の考えを話す機会を持てるようにする「指名」でなくてはいけません。

■つなぐ

　学習は1人で成立するものではありません。多くの仲間と考えや思いを述べ合う中で，学習内容を獲得していきます。仲間とのつながりが不可欠です。「指名」はつながりを育むのに一役も二役も買います。

　授業では意図を持って指名します。時には学習のゴールに向かって，子どもたちの思考が整理されるように指名していくでしょう。時には，思考を揺さぶり負荷をかけるために指名していくでしょう。それらの「指名」が子どもたちの考えと考えをつないでいきます。

　また，発言する時，そこには相手がいます。授業で言えば，その相手は教師や仲間です。そして，誰が誰に伝えるのかを指定するのが「指名」です。「指名」された子どもは，相手に自分の考えや思いを一生懸命に伝えようとします。聞き手は，一生懸命に受け取ろうとします。そうして考えや思いを伝え合うことで人と人はつながります。

　考えをつなぐ，人をつなぐ。「指名」の持つ大きな役割です。

ただただおもしろくする指名のコツ！

子どもたちはおもしろい授業が大好き！
「指名」もひと工夫加えれば，みんなを楽しくすることができます！　そのコツはなんでしょう。

みんなが楽しくなる「指名」のコツ！

■演出，演技
　「では，○○さん」「はい，わたしは……」
　指名の際にいつも発せられるこの流れ。もちろんその安心感のもと，どの子も自分の考えを述べ合えることができていたなら何の問題もありません。しかし，挙手する子が少ない，発言する子が限定されている，淡々と授業が流れる……。といった時には，教師の腕の見せ所です。
　「手を挙げている○○さん！……の横の△△さん！」
　「いまから先生にウインクされた人に発表してもらいます」
　ウロウロしながら肩をポンポン！「はい，あなた！」などなど。
教師の演出や演技を加えることで，授業を活性化させてみましょう！

■ゲーム性
　授業は楽しくありたいものです。子どもたち，教師の笑顔であふれている

ただただおもしろくする指名のコツ！　11

授業にしたいものです。指名1つで，教室に笑顔があふれます。指名1つで，みんなが楽しい気持ちになれます。

・「さあ，くじ引きで発表する人を決めますよ」
・「じゃんけんぽん！　先生に勝った人に発表してもらいますよ！」
・「この紙飛行機が飛んで行った人が発表してください」

　思いもしていないこと，サプライズが子どもたちは大好きです。ゲームが大好きです。いつもの指名にゲームというスパイスを加えることで，授業の雰囲気ががらりと変わります。先生も子どもたちと同じように楽しんでやってみましょう！

■参加率

　授業への参加率，わたしたち教師が強く意識しなくてはならないことの1つです。もちろんすべての子どもが，学習内容に関心を持ち，全員参加してくれることが最善です。

　学習に参加するとは，授業の中で，「もっとやりたい！」「どうしたらいいか考えよう！」「自分の考えを伝えたい！」など，子どもたちの中に学習への意欲があふれている状態です。そのために教師は，単元計画や教材研究からプリント作成に至るまで，様々な努力を積み重ねます。

　「指名」も，その参加率をあげることに貢献することができます。

・「自分の考えをとなりの人に説明しましょう」
・「みんなで声をそろえていいましょう」
・「わかった人は，手を挙げていない人に教えにいきましょう」

　まずは，参加せざるを得ない状況をつくることができるのも，「指名」の大きな力です。1人ではしんどいことも，みんなですれば楽しくなるもの。大いに活用してみましょう！

こんな時にはこんな指名！

本書で紹介する48手の指名の方法。
状況に応じて使いわけていきましょう。どんな時に，どんな指名の方法を用いればいいのでしょう。

意図に応じた「指名」の方法！

ただただおもしろくする「指名」ですが，意図によって使いわけることでより効果的におもしろくなります。意図別に分類してみましょう。

意図	方法
① 緊張感がおもしろい 　いつ当てられるのかハラハラドキドキ！　そんな緊張感がおもしろい指名方法です。	[1]ランダム　　　　[20]ウィンク [7]肩ポンポン　　　[21]鉛筆倒し [9]挙手している人の……　[22]くじ引き [17]フェイント　　　[38]盛り上がってる組 [18]指あっちこっち　[39]となりの人いいな [19]目が合ったら
② 意思表示がおもしろい 　自分で発表の意志を様々な方法で示すのがおもしろい指名方法です。	[10]挙手意図別　　　[15]発表したい演説 [11]挙手自信度別　　[16]発表させたい演説 [12]やる気あるなし

③ 覚悟するのがおもしろい 　指名されるまでに準備する時間があります。待つ間，どんどん高まる気持ちがおもしろい指名方法です。	**2** 日付 **3** 出席番号 **4** 列あて	**5** ○○順 **6** 右⇔左 **36** 無指名
④ 一体感がおもしろい 　みんなで考える。みんなでそろえる。みんなで１つになれる一体感がおもしろい指名方法です。	**35** 「せーの！」 **41** みんなで声をそろえて…… **42** みんなでジェスチャー…… **46** 全員で声をそろえて…… **47** わかった人から……	
⑤ 仲間とのつながりがおもしろい 　仲間と話す，仲間とつながるからおもしろい指名方法です。	**33** 友だち **34** 絶対答えてくれそう **37** おとなりさん **43** 全員 **44** わかる人→わからない人	**45** わからない人→わかる人 **48** 発表ビンゴ
⑥ みんなでするからおもしろい 　とにかくみんなが参加できる。わいわいと盛り上がれる指名方法です。	**8** 拳…… **13** 顔アピール **14** 全身アピール **23** ○秒後 **24** 国語辞典 **25** 占い **26** 神様の言う通り	**27** 紙飛行機 **28** 我慢対決 **29** じゃんけん **30** しりとり **31** さあ，どっち！ **32** 似顔絵 **40** グループの代表

ただただおもしろい指名の方法 48手

ランダム指名

指名の方法 **1** 手目

こんな決まり手！

先生　「では，○○さん。大造じいさんの第一の作戦はなんだった？」
子ども「え？　はい。タニシ作戦です」
先生　「出席番号14番の人は，いまのでいいですか」
子ども「は，はい。いいです！」

注意事項！

- いつ何時指名されるかわかりません。油断禁物です！
- 指名された時に，沈黙は禁止！なにか言葉を発しましょう。

解説

　授業において，挙手している人のみを指名していたら，結局同じ子ばかりが発言して，授業がいつの間にか進んでいるなんてことも。また，挙手しない子は，人に頼り，指示待ち，答え待ちなんてことにもなりかねない。それでは，全員参加の授業とは言えない。

　ランダムに指名することを基本とすることで，常に授業中は，油断せず，授業に参加する意識を持たせたい。

　ただし，答えがとんちんかんでも，なにかをしっかり発言した際には，追い込まず，OKとされたし。

応用！

■「いつも姿勢のいい……○○さん！」「さっき友だちに優しくしてくれていた……△△さん！」などまくら言葉をつける。名前を言うまでに，少しためをつくるとみんな集中する

　逆に，「昨日掃除をさぼった……○○さん！」「宿題を忘れていた……△△さん！」も盛り上がる。

■あらかじめ「今日，突然指名するからがんばるんだよ」と伝えておく。授業の際，アイコンタクトの後，突然を装って指名。見事に答えたら，「突然なのに完璧な答え！」と絶賛する

　失敗した場合は，ネタばらしをして笑いに変えてもおもしろい。

禁じ手

行きづまったら，ついつい同じ子ばかりに頼りがち。いつも同じ子ばかり指名せぬように……。

ただただおもしろい　指名の方法48手　17

指名の方法 2 手目　日付指名

こんな決まり手！

先生　「今日は，8日だね。では，出席番号8番の人読んでください」
子ども　「はい」
先生　「次は……，予想していたかな。18番の人」
子ども　「はい」

注意事項！

- 日付をみて，今日指名されそうな気配を感じて，しっかり発表する心の準備をしておきましょう。

解説

「今日○○日だから，○○番の人」よく用いられる日付指名。一日1回でもこれをしておくと，何日かに一度は，緊張感を持って一日を過ごすことができる。一日の最初に，「今日は15日。今日のラッキーナンバーは15だねー」などと予告しておくと，当事者は心の準備ができてなおよい。

「8日だから8番」と指名した後，18番→28番→38番と順に指名していくのが定番指名。

応用!

■「6月だから6番！」と月で指名していくと，「え～，1か月続くよ～！」と盛り上がる

実際には，2，3日でやめる。指名したらいいリアクションしてくれる子で行いたい。

■「9月19日だから，9と19をたして28番！」「19ひく9で10番！」などもたまに入れていくと心の準備をする子どもが増える

あまり複雑な式を入れると，予測不能に陥り，ランダム指名となんら変わらなくなるので注意。

禁じ手

日にちだけでそのまま指名していると32番以降は永遠に指名されることはない……。

ただただおもしろい 指名の方法48手

指名の方法 3 手目 出席番号指名

こんな決まり手！

先生　　　「さっきの時間は，何番まで進んだかな」
子どもたち「12番です！」
先生　　　「そっか，じゃあ次13番の人，読んでください」
子ども　　「はい！」

注意事項！

- 自分の番号が近づいてきたら，しっかり心と頭の準備をしておきましょう。

解説

　本来，個々の名前を呼んで指名するのが一番よい。しかし，担任以外のクラスで授業をする際など，名前がわからない時には，1人に1つ割り振られている出席番号を利用しての指名は明快である。

　また，番号による半ば強制指名なので，かえってプレッシャーなく発表に向かうこともできる。

　この「手」以降の指名方法においても，出席番号を利用したものは多い。いろいろな応用を考えてもらいたい。

応用！

■ 規則正しく指名しておいて，突然違う子を指名するとびっくり。また，そのびっくり顔で盛り上がる

　1番から順番に指名しておいて突然「29番！」など。

■ 出席番号の前から指名していくのか，後ろから指名していくのか。出席番号1番と最後の人がじゃんけんして決定する

　真ん中からスタートを入れてもおもしろい。

■ 1とばしや2とばし。また○の倍数などで指名

■ 先生が手やタンバリン，ベルをたたいた回数の番号の人が発表する

　超高速でたたくと数がわからず笑いが起きる！

禁じ手

いつも1番から始め，最後の方までいかないことが多いのは避けたい。

ただただおもしろい　指名の方法48手　　21

指名の方法 4 手目　列あて指名

こんな決まり手！

先生　「いろんな考え方ができる問題だね」
先生　「まず自分の考えを整理しましょう」
（子どもたちが考える時間……）
先生　「では，この列の人，順番に自分の考えを言ってもらおうか」
先生　「前の人からどうぞ」
子ども「はい」

注意事項！

- どの列が指名されるかわかりません。
- テンポよく次々と発表していきましょう。

解説

挙手して指名する，ランダムに指名するなど，いずれにしても1人の子どもが指名される。苦手な子にとっては，それだけで，とてもハードルが高いものになる。

この列あて指名だと，同時に複数名が指名されることになる。自分1人だけ指名されるより，ずいぶん気は楽になる。

この方法をとる時は，あまりネチネチと1人当たりに時間をかけるべきではない。テンポよく進めていきたい。頻繁に利用されては困るのだが，「パス」や「考え中」をOKにしてもよいだろう。

応用！

- たて列だけでなく，横列でもやってみよう。斜め列なんていうことも可

  また，前から指名するばかりでなく，後ろから指名するのもよい。

- 列全体を指名しておいて，「この列で言いたい人からどうぞ」といったこともできる

  いつも一番前や後ろの人が最初ではなく，いろいろな順番にする。

- 各列に番号を決めておいて，おみくじなどを使って，番号で指名するのも盛り上がる

禁じ手

クラスが少人数のためにクラスに1列しかなく，いつも同じ列ばかりが指名される……。

ただただおもしろい 指名の方法48手

指名の方法 5 手目
○○順指名

こんな決まり手！

先生　「では，段落読みで読んでもらいます」
先生　「先生のことを好きな人順にいきましょう！　どうぞ！」
子ども「…………」
先生　「おい！　うーん，では，姿勢の美しい順にいきましょう」
子ども「ピシッ！」
先生　「…………」

注意事項！

■いつも同じ○○順とは限りませんよ！
　よく聞いておきましょう！

解説

○○順と聞くと，思い浮かぶのは，出席番号順や背の順だろうか。体育など屋外では，背の順も使うこともあるだろう。また，4手目の列順なども教室などではよく使用するだろう。それらを少し工夫しておもしろくしてみよう。

○○に入るのは，なんでもいい。「いつもかしこい人順にしよっか」と言うと，お調子者が手を挙げ，「え〜，違うだろう！」とツッコミが入るだろう。「姿勢が美しい順」と言うと，きっと背筋をびしっと伸ばしてくれるだろう。元気な順にと言うと，きっと元気に挙手してくれるだろう。雰囲気や状況に応じていろいろ入れてもらいたい。

応用

■ グループでの発表順を決める場合にも使える。誕生日順と言わずに，「グループで若い順に」「お年寄り順に」などと言うと笑いが起こる

もちろん懇談会や教師の打ち合わせなど大人の集団での使用は避けた方がよい。

■ 高学年の挙手が減ってきた時や難しい発問の際，「わかっていなさそうな順に聞こうかな」と言うと，みんなわかっているような態度をしだす

そのわかってそうなふりがわざとらしい子をいじるのもおもしろい。

禁じ手

体重が重い順，顔がでかい順など，人が傷つく順は行ってはならないことは言うまでもない……。

ただただおもしろい 指名の方法48手

指名の方法 6 手目　右⇔左指名

こんな決まり手！

先生　「では，人物の気持ちをこめてここを読んでみましょう」
　　　（子どもたちが少し練習する時間……）
先生　「では，右の列の人は，左の人に発表しましょう」
先生　「聞かせてもらった人は，感想を言いましょう」

注意事項！

■ 指名された人は必ず自分の考えを伝えましょう。聞かせてもらった人も，意見を述べます。

解説

　指名とは少し違うかもしれない。しかし、みんなの前で立ち上がって、発表させることだけが指名ではない。みんなの中で１人だけが立ち上がって話をするのが発表ではない。

　この方法は、クラスの半分の子どもが一斉に指名されることになる。挙手して指名される、立ち上がって発言する。この一連の流れの前に、ワンクッション入れることで、発表するのが随分楽になる。

　発表した人も、必ずリアクションがもらえるメリットがある。挙手する人が増えてきた時などに有効である。

応用

■ 左右を反対にして指名もする

　また、時には、「左側の人が言い終わったら、次は右側の人が言いましょう」と相互に発表させ合うことも可。

■ 右から左、左から右の決め方は楽しめる要素がいっぱいある

　例：教師の右手と左手でじゃんけんして勝った方が発表するなどとすると盛り上がる。

■ 個別に勝負して、発表する側を決めるのもおもしろい

　じゃんけんで勝った方から負けた方、にらめっこ対決など。

禁じ手

いつもいつも同じ方向ばかりを指名し続け、同じ子ばかりが発表することがあってはならない……。

ただただおもしろい　指名の方法48手

指名の方法 7 手目 肩ポンポン指名

こんな決まり手！

先生 「どうして日本で林業をする人は減ってきたんだろうか」
子ども「うーん。なんだったかな」
先生 「手を挙げなくてもいいよ。先生が肩をポンポンした人に話してもらうよ。心の準備はいいかな」
（ウロウロした後，誰かの肩をポンポンとする）

注意事項！

- 誰を指名するかわかりませんよ。準備しておきましょう！
- 指名された時に，沈黙は禁止です！

解説

　肩をポンポンとされたら，全員分のお会計を払うという番組を見たことがあるだろうか。ラスト2人になった時のじらす感じはドキドキ感を掻き立てる。あの雰囲気をイメージしてもらいたい。

　ノートをあらかじめ見て回っておき，教師の意図した順に指名することもできる。計画も立てやすいというメリットもある。しかし，それよりも，誰が指名されるのかのドキドキ感を楽しんでもらいたい。教師も役者になり，演出したい。

　1手目の「ランダム指名」同様，授業において，挙手している人のみで授業が進むのではなく，いろいろな子どもが発言をしながら，全員参加の授業をめざしたい。ここでも，答えが多少ずれていても，なにかをしっかり発言した際には，追い込まず，OKとされたし。

応用 ！

■ 目を閉じる，もしくは顔を伏せた状態で，肩をポンポンしていく

　数名指名した後，「せーの」で立ち上がるのも盛り上がる。

■ 指名棒を準備しておく。イメージとしては，座禅の時に「喝！」を入れてもらう棒である。それを手渡された人は，次に指名できる役にすると喜んで，その役を買ってでる

　ただし，本気でたたくことは禁止する。また，たたくとケガする材質で作ってはならない。

禁じ手

先生に肩をポンポンされそうになったら，すばやく逃げる「肩透かし」は禁止……。

ただただおもしろい　指名の方法48手　　29

指名の方法 8 手目

挙……指名

こんな決まり手！

先生　「商店街の人たちの願いってなんだったかな？」
子ども「はい！」「はい！」
先生　「わかった人は足を挙げましょう！」
子ども「えっ？（足挙げて）はい！」

注意事項！

- いつも挙手とは限りません。注意して聞いておきましょう。
- バランスを崩してひっくり返るほどがんばらなくていいですよ。

解説

　授業において，教師は挙手している人を指名する。子どもたちも，なにも言われなければすっと手を挙げる。これが常識であろう。この常識をたまには崩して楽しんでみようというのがこの手である。

　足を挙げる，のほかに，肘を挙げる，肩を挙げる，あごを挙げる，舌を挙げる……。いろいろ楽しめる。「えっ？　そんなところを挙げるの？」という部位ほどおもしろい。

　いつもの挙手だと発表しない子も，おもしろがってちょっと発表しようかなとなれば儲けものである。

応用！

■ 次はなにを挙げるのかを発表した人が決めることにする
　発表する意欲につながる。いろいろな部位がでてきて楽しい。

■ 体の部位のみならず，「さあテンションをあげましょう！」と気持ちをあげようと指示する
　いろいろな方法で示そうとする姿は微笑ましい。

■ 時には，となりの人と協力する方法も楽しい
　組体操の二人技のようなもの。けがしそうなものは避ける。

禁じ手

おへそを挙げる⇒ブリッジしはじめる。
髪の毛を挙げる⇒下敷きでゴシゴシしはじめる。
など，無理をさせ過ぎるのは避けた方がよい
……。

ただただおもしろい　指名の方法48手

指名の方法 9 手目

挙手している人の……指名

こんな決まり手！

先生　「では，ここの説明をしてくれる人」
子どもたち「はい！　はい！」
先生　「うーん，じゃあ（手を挙げている）○○さん……のとなりの△△さん！」
子ども「えっ！　はい」

注意事項！

- 挙手していないからといって，指名されないと思ってはいけません。油断禁物です！
- どうしても答えられない時は，となりの人に聞いてもいいですよ。

解説

となりの席の人が，積極的に発表している。横でその姿をいつも聞いている子。できれば，たまには勇気を出して発表してほしいなという時にこの手を使う。

二人組で考えを共有した後に行えれば，まったくわからないまま立たされるという事態は避けられる。

「わからなければとなりの人にこっそり聞いてもいいよ」として，あまりに追い込むことは避けたい。またこのように伝えることで，がんばって挙手していた子の意欲もそがないようにしたい。

応用

■「(手を挙げている)○○さんの……後ろの△△さん」と「となり」のところを変える

前の人，ななめ後ろの人，まったく反対の……などいろんな方向もおもしろい。

■「(手を挙げている)○○さんの……後ろの，右どなりのその前のそのまた前の，2つ後ろの人！」など複合させると誰が指名されたのかわからず楽しめる

回りまわって，○○さんに戻るのは鉄板！

禁じ手

あまりに乱発しすぎて，挙手しているのに指名してもらえない子たちが怒り出し，誰も挙手しなくなる事態には陥らないように……。

ただただおもしろい　指名の方法48手

指名の方法 10 手目　挙手意図別指名

こんな決まり手！

先生　「いまの発表に対してどう思いますか」
子ども　(ハンドサインで挙手)
先生　「では，グーの○○さん」
子ども　「はい。つけたしです。わたしも……」

注意事項！

- しっかり前の人の意見を聞いて，それに続くサインを出しましょう。

解説

　一問一答で流れていく授業において，この手は必要ない。しかし，授業では，そんな場面ばかりではない。互いに意見を述べ合ったり，質問し合ったりしながらみんなで考えを高めていく場面が必要となる。そのような話し合いを40人もの人数で無秩序に行ったならば，きっと多くの成果は望めないだろう。声の大きなものばかりが意見を述べたり，どのタイミングで挙手していいかわからない子が黙ったまま時間が過ぎたりと言ったことになりかねない。

　それらをコントロールしながら授業を進めていくのが教師の大きな役割である。円滑にコントロールしていくためにも，この挙手に発表者の意図を表明させることは有効である。グーはつけたし，チョキは反対意見，パーは賛成意見などあらかじめクラスでの約束事を決めておく。

応用

■ 状況に応じてクラスのオリジナルサインを決めるのもよい
　例：親指を立てて（グッドのポーズ），「さらにほめたい」というサイン。

■ 意図を表明させた後に，同じサインの人たちのみ集まって，交流する時間を持ち，意見をまとめさせる時間をとるのもよい

禁じ手

エスカレートして，ハンドサインがきつねになっている。カニさんになっている，しまいには両手で鳥を作って羽ばたいている……。

ただただおもしろい　指名の方法48手

指名の方法 11 手目 挙手自信度別指名

こんな決まり手！

先生　「次の問題はちょっと難しいね。自信度挙手で！」
子ども（ハンドサインで挙手）
先生　「最初は自信度50％の○○さんからいこうか！」
子ども「はい。たぶん……ではないかと思います」
先生　「なんでたぶんって思ったのかな。みんなで考えてみて」

注意事項！

- 必ず全員挙手して自信度を表明しなくてはいけません。
- どの自信度の人から指名するかはわかりませんよ。

解説

　授業において，挙手できない子に理由を尋ねると，往々にして「自信がないから」「恥ずかしいから」とかえってくる。自信度を示すという名目で，まずは全員手を挙げることが必然の状態をつくりだす。

　授業の実際の展開においては，どの自信度の子から指名していくかで授業の様相は変わる。指名する側においても，便利な方法である。

　いつも自信のある子の意見，正しい意見ばかりで進んでいくような授業にはしたくない。それぞれの疑問や意見の違い，なぜ自信が持てないのかを仲間と共有していくことこそに授業の醍醐味がある。

応用！

■ 自信度，グーは20％程度，チョキは50％程度，パーは80％以上などあらかじめクラスでの約束事を決めておく

　指1本あたり10％ずつアップするのもおもしろい。60％以上は，両手を。100％はバンザイになる！

■ 自信度を足まで使って表してよいことにすると，両手両足を使ってアピールする子もいておもしろい

■ グループでの話し合いの時にも使える

　グループごとの発表の際には，グループで相談して，自信度を表明させ，順番を決めるのに使ってもよい。

禁じ手
簡単すぎて全員100％になる発問，難しすぎて全員0％になるような発問は避けたい……。

ただただおもしろい　指名の方法48手

指名の方法 12 手目 やる気あるなし指名

こんな決まり手！

先生 「……はどういうことを表しているのだろうか？」
先生 「発表する，やる気のある人？」「ない人？」
　　（子どもたちがどちらかに挙げたのを確認して）
先生 「やる気満々……じゃない，○○さん！」

注意事項！

- 必ず全員挙手してやる気あるなしを表明しなくてはいけません。
- どちらの人から指名するかはわかりませんよ。

解説

　高学年などで授業をしているとだらーっとした雰囲気を感じる時がある。特に週明けの1時間目や6時間目などはどうだろうか。そこで，この「手」を使う。「おい，だらっとしてるぞ！　やる気のある人に答えてもらおう！」などと言い，やる気のあるなしを尋ねた後に，やる気のない人を指名すると笑いが起きる。やる気のないことをそのまま認め，笑いに変えてしまう。

　授業の実際の展開によって，どちらの子から指名していくかは変わっていくが，やる気のある子をほめることは忘れていけない。

応用！

■ 前におもしろい説明をつけると笑いも起こる

　「これを発表しないと今日夜寝られないというぐらいやる気のある人」
「これで指名されないと，先生をしばらく恨み続けるほどやる気のある人」
「もう立ち上がったら倒れてしまうぐらいやる気のない人」など。

■ 「やる気のある人？　やる気のない人？　そろそろ帰りたい人？」などもう1つ加えても微笑ましい雰囲気になる

　そのほかにも，やる気はあるけど答えてはならないと先祖に言われている人，やる気はないけどあと5分したら出てくる人などユーモアあふれる選択肢を増やす。

禁じ手

そもそも先生がやる気がないといった状況に陥ってはいけない……。

指名の方法 13 手目 顔アピール指名

こんな決まり手！

先生　「たくさんの人が発表してくれるんだね。誰にしてもらおうか悩んじゃうなぁ……よし！　発表したい気持ちを顔で表して！」

子ども（顔でアピール！）

先生　「みんないい顔だね！」

先生　「じゃあ一番気合の表れている○○さん！　よろしく！」

注意事項！

■ 一番思いの伝わった人に発表してもらいますね。でも，気合が入りすぎて先生をにらみつけてはいけません！

解説

　特に低学年などでは，たくさんの人が発表したくて仕方ないという場面に遭遇する。「一番姿勢がよく，手の挙げ方の素晴らしい人に言ってもらおうかな」などと言った言葉もよく聞く。その応用でこんな方法はいかがだろうか。

　「わ～○○さんの顔，すごくかっこいい！」「△△さんの眉毛がりりしいな！」など，いろいろな子にみんなの注目を集めることもできる。「う～ん，みんないい顔だけど，一番気合入った顔は先生かな！」と先生のとっておきのキメ顔でオチる。

応用！

■ 高学年など挙手する人が減ってきた時や誰も発表したくないような状況の場合は，逆に「発表したくない度を顔で表して！」と言うと，また違った顔が見られておもしろい

　しかし，いつも発表したくないような状況をつくってはいけない。

■ 一番うれしそうな顔をしている人，一番悲しそうな顔をしている人，一番おっちょこちょいの顔をしている人など，発問に応じて，表情を指定するのもおもしろい

　例えば，「一番悲しそうな顔をしている人」は，国語の悲しい場面を音読してくれる人を指名する時などに使える。

禁じ手

段々とアピールがエスカレートしてきても，お面などのかぶりものを使用することは厳禁である。

ただただおもしろい　指名の方法48手

指名の方法 14 手目　全身アピール指名

こんな決まり手！

先生　「たくさんの人が発表してくれるんだね。誰にしてもらおうか悩んじゃうなぁ……よし！　発表したい気持ちを全身で表して！」
子ども　（全身でアピール！）
先生　「みんな素晴らしいアピール！　じゃあ, ○○さん！　よろしく！」

注意事項！

- 一番思いの伝わった人に発表してもらいますね。でも, 踊りすぎて周囲に人に迷惑をかけてはいけませんよ！

解説

13手目の「顔アピール」の発展版である。同様に、たくさんの人が発表したくて仕方ないという場面で行うと盛り上がる。

ポーズ限定にしても、ダンスなどの動きをありにしてもよい。

「○○さんのポーズ、素敵！」「△△さんのダンスはキレッキレ！」など、いろいろな子にみんなの注目を集め、盛り上げたい。

「う～ん、じゃあ、先生の次にポーズがかっこいい○○くん！」と先生のとっておきのポーズとともに指名する。

応用！

■「さあ、いまから指名するよ～」と言っても誰も挙手しないような状況の場合は、逆に「発表したくない度を全身で表して！」と言うとまた違ったおもしろさがある

だらーっとしたアピールが笑いを誘う。しかし、いつも発表したくないような状況はやはりつくってはいけない。

■ みんなで誰のアピールが一番かを決めてもよい

「せーの」で指を差す。

■ 一番美しいポーズをしている人、一番おもしろいポーズをしている人など、発問に応じて、ポーズを指定するのもおもしろい

禁じ手

ポーズや動きに集中して、盛り上がってしまい、発表する内容を忘れるようなことがあってはならない……。

指名の方法 15 手目　発表したい演説指名

私が指名された
あかつきには……

こんな決まり手！

先生　「誰に言ってもらおうかな。悩むなぁ。よし，いまからどれだけ発表したいのか，みんなが聞くとどれだけ得をするのか演説でアピールしてください」

子どもたち　（順に演説！）

先生　「みんな素晴らしい演説だったね！　その中でも一番熱意の伝わった○○さん！　よろしく！」

注意事項！

■ 一番熱意の伝わった人に発表してもらいますね。長すぎるアピールは失格ですよ！

44

解説

　これまでの「○○アピール」とは一味違い、発表したい気持ちを発表者自身が演説する。同時に、自分に発表させるとこんないいことがあるよというアピールもさせたい。段々とスピーチ力も増してくるから素晴らしい。

　ただこれも、想像通り時間がかかりすぎる。もちろん短い言葉でアピールするようにと指示はするが、時間に余裕のない時には行わない方が賢明である。

応用！

■「わたくしがー、選ばれたあかつきにはー、みなさんにー」など演説用の台などを準備しておき、その上から演説をさせると雰囲気が出る
　そのほか、マイクやたすきなどを準備しておくのも楽しい。

■ みんなで誰の演説が一番かを決めてもよい
　「せーの」で指を差す、拍手の多さで決めるなど。

■ 休み時間、もしくは日をまたぎ、休み時間中にアピール活動（選挙活動）をしてもよいことを許可する
　金品などの授受はもちろん禁止である。

禁じ手

演説中に発表内容を全部語ってしまい、なんのために演説しているのかわからないという事態……。

ただただおもしろい　指名の方法48手

指名の方法 16 手目　発表させたい演説指名

○○くんは，きっと私たちの期待にこたえてくれるはずです！

こんな決まり手！

先生　「この問題，みんなは誰に発表してもらいたい？　発表してもらいたい人の応援演説をしてください」

子ども　「私は，○○さんに発表してもらいたいです。○○さんが発表したあかつきには，きっとみんなに新しい考え方を吹き込んでくれるからです。どうか清き一票を！」

（順に演説）

先生　「さあ，みなさん，誰にしますか？」

注意事項！

- 応援演説を聞いて一番聞いてみたいなと思った人に投票しましょう！

解説

　さきほどの発表したい気持ちを発表者自身が演説する「発表したい演説」とは違い，周囲の人が応援演説をする。グループや二人組で内容をよく聞いた上で応援演説ももちろんいいが，なんにも聞いていないのに，想像で応援させるのもおもしろい。慣れてくると様々な理由が飛び出す。「飼っている犬の名前がジョンだから……」「給食をいつもおかわりしているので……」などまったく関係ないが，ユーモアあふれるものは称賛したい。

　こちらも，短い言葉でアピールするようにと指示はするが，時間に余裕のない時には行わない方が賢明である。

応用

■ 推薦された人がたすきをしたり，演説者が演説台に乗ると臨場感がでる
　マイクやたすきなどを準備しておくのも楽しい。

■ 誰に発表してもらうかみんなで投票する方法をひと工夫することでまた盛り上がる
　投票する，「せーの」で指を差す，拍手の多さで決めるなど。

■ 何度か繰り返すうちに，名応援演説人が表れ，依頼人が押し寄せるといった現象も起こる

禁じ手
選挙運動が過熱して明らかに不当な圧力がかかったり，忖度したりするような事態に至ってはならない……。

ただただおもしろい　指名の方法48手

指名の方法 17 手目 フェイント指名

こんな決まり手！

子どもたち「はい！　はい！　はい！」
先生「たくさんの人が手を挙げてくれているね。誰に発表してもらおうかな。じゃあーーー，（全然違う方をみて）○○さん！」
子ども「えっ！」

注意事項！

- いつなんどき指名されるかわかりませんよ。油断は禁物です！
- 手を挙げていなくても，指名される可能性はあります。

解説

　先生の目をしっかり見て，ピンっと腕を伸ばして挙手している姿をみると微笑ましい。しかし，それだけアピールしていても，先生の視界にも入れず，指名もされないとなるとガッカリしてしまうのもいた仕方ない。もう次から張り切って挙手するのをやめようと思う子もいるかもしれない。

　そこでこのフェイント指名を使ってみる。先生はまったく違う方向を見ているのに突然指名する。少し驚いた顔をした子どもに，チラリと「先生はちゃんと見ているぞ」と目線を送ることで，きっと明日からも張り切って挙手してくれるに違いない!?

応用 !

■ 「○○さん！　と見せかけて△△さん！」とフェイントを入れ盛り上げる

　笑ってながせる人を選びたい。フォローも忘れてはいけない。

■ フェイントのフェイントを入れる

　子どもたちも慣れてくると「またフェイントでしょ」と読みはじめる。そこで，「（まったく違うところにいる）△△さん！　と見せかけて，（ずっと視線を送っている）○○さん！」とそのまま指名する。

■ 全然違う方向を見て「いつも掃除をまじめにしている……，○○さん！」と指名する。いつもまじめに掃除していない○○さんの方がおもしろい

禁じ手

勢いよく指名した際に，指が子どもたちに突き刺さらないように注意したい……。

定番

演技派

ゲーム

交流

ただただおもしろい　指名の方法48手　　49

指名の方法 18 手目 指あっちこっち指名

こんな決まり手!

子どもたち「はい! はい! はい!」
先生　　「誰に発表してもらおうかな……」
先生　　「では,（全然違う方を見て）あなた!」
　　　（この時, 実際には親指を出している）
子ども　「(気づかない)」
先生　　「○○さん, あなたですよ」

注意事項!

■ 先生の目線や指にだまされてはいけません!
いつでも心の準備を!

解説

　ひとさし指を出し，指名する相手を指し示し，呼名する。えらそうな感じだ。子どもにとっても，威圧的に感じることだろう。しかし，この指あっちこっち指名は，それを全く感じさせない。それどころか笑いが生まれる。

　先生はまったく違う方向を見ているのに「はい，あなた！」と手を指し出し指名する。当然，先生が向いている先に指名された人がいると思いきや親指が違う人を指し示している。なんのことかわからない雰囲気の子どもたち。チラリと自分の親指とその先に示されて子どもに目線を送る。それでも，気づかなければ，「○○くん，あなたですよ」と優しく微笑みかける。

応用！

■「はい！　あなた！」と言いながら親指ではなく，**小指を出して指し示す**
　時には，親指と小指を両方出して，2人同時指名というのも楽しい。

■子どもたちも慣れてくると「また親指か小指でしょ」と読みはじめる。そこで，**思いっきり手をパーに開いて，「あなた！」と示す**
　一気に5人を指し示し，「さあ，自分だと思った人，立ちましょう！」と声をかける。たとえ，5人以上立っても気にしない……。

禁じ手

中指で指し示すのは，違う意味にとられかねない。また親指を上に向け「イエ〜イ！」というおやじギャグもやめた方がよい……。

ただただおもしろい　指名の方法48手

指名の方法 19 手目 目が合ったら指名

こんな決まり手！

先生 「さあ，次は誰に発表してもらおうかな。先生と目が合った人に発表してもらいましょう」

（あたりを見回してみて……，誰かと目を合わす）

先生 「はい，あなた！ どうぞ」

注意事項！

- 発表するぞ！ という人は，先生をしっかり見つめてアピールしてくださいね！
- 挙手していなくても指名するかもしれませんよ！

解説

　先生と目が合ったら，発表するという単純な方法。アイコンタクトもできて楽しい。発表したい子は先生と目を合わせようと視線を送ってくる。一方で，発表したくない子はうつむき目を合わせようとしない。いつも下を向いてしまうような子がいる時は，目が合うまで思い切りのぞき込んでみるのもおもしろい。うつむいても無駄な抵抗だと思い知らせることにもなる。

　たまに完全に目が合っているのに，「合っていない！」と言うツワモノもいるが，くじけずに先生の熱い視線を送ろう。

　この方法だと挙手はしていないが，発表してほしい子を指名することもできる。

応用！

■ サングラスをかけておき，あたりを見回す。ここぞという時に，そのサングラスを外して目が合った子を指名する

　カッコつけてサングラスをとる姿がおもしろい。

■ リレー形式で行う。最初は教師からスタートして，次に指名された子は発表した後，指名役になれる

　サングラスバージョンだとなお喜ぶ。

禁じ手
誰もが下を向いてしまうほどの難しい発問は避けなければならない……。

ただただおもしろい　指名の方法48手

指名の方法 20 手目　ウインク指名

こんな決まり手！

先生　「先生にウインクされた人に発表してもらいましょう。さあ，全員先生の顔を見ましょう！」
（ウインクを何回かしてみせる。下手なほどおもしろい）
子ども「ぎゃ〜，きもちわるい〜」
先生　「さあ，誰にしようかな〜」

注意事項！

- 発表するぞ！　という人は，気持ち悪がらずに先生をしっかり見つめてアピールしてくださいね！

解説

　19手目の「目が合ったら指名」の発展版。ウインクをされたら発表するという単純な方法だがおもしろい。ウインクするキャラクターとは程遠い人ほどいい。ウインクというのは、やってみると意外と難しい。その上恥ずかしい。しかし、うまくやろうとする必要はまったくない。下手なほど、盛り上がる。(言い方は悪いが)少し気持ち悪いぐらいでちょうどいい。

　先生の目をしっかり見ておくことは最低条件。指名されたくないからと目をそらすのはルール違反。

　ウインクキラーというゲームのように、先生にウインクされたら「わ～、やられた！」と撃たれたふりをするのも楽しい。

応用

■みんなでウロウロする。先生が誰かにウインクして指名する。一定時間の後、誰にウインクしたのか聞き、「せーの」で指差す

　みんなにばれていなければ先生の勝ち。

■ウインク役をリレー形式で行う

　最初は教師からスタートして、次に指名された子は発表した後、ウインク役になれる。できれば、みんなが発表したい雰囲気の時に行う。

禁じ手

発表どころではなくなるぐらいウインクする顔がおもしろすぎて、授業が全く進まなくなる事態は避けなければならない……。

ただただおもしろい　指名の方法48手

指名の方法 21 手目 鉛筆倒し指名

こんな決まり手！

先生　「運命をこの鉛筆にたくしてみよう！」
　　　（鉛筆を適当なところに立てて……）
先生　「えい！（倒れるように手を離す）」
　　　（倒れた先をたどっていく……）
先生　「誰かな，誰かな……，よし，○○さん，よろしく！」

注意事項！

- 鉛筆の倒れた先に無理して入ってきたり，逃げたりしてはいけません。

解説

　　ここからのゲーム指名は，授業において，特に意図的に当てる必要のない場面でやるとよい。ゲーム感覚で行うので，盛り上がる。また日頃，挙手しにくい子もゲームで選ばれたからにはしょうがない！　発表せざるを得ない状況となる。

　　この鉛筆倒しは，ベタだがおもしろい。ポイントは，倒した後，その直線上を進んでいく時にいかに盛り上げるかにある。たどっていく際のドキドキを演出してもらいたい。

　　いったんバランスよく立てて，机を揺らしたり，息を吹きかけたりして倒すとおもしろい。

応用！

■ 鉛筆以外でも，ほうきやものさしなどで代用してもよい

　先をタオルで巻くなど安全面に配慮した上で，指名専用の棒を作ってもおもしろい。

■ リレー形式で，指名された人が，次の鉛筆倒しの役割になる

■ 少人数でのグループでの話し合いの時などにも使える。グループの真ん中に鉛筆を置いて代表者を決める

　ただし，意図的に倒した，倒していないの揉め事が起こりそうならやめるのが賢明である。

禁じ手

尖った鉛筆がささる。倒したほうきが頭を直撃する……。

ただただおもしろい　指名の方法48手　　57

指名の方法 22 手目 くじ引き指名

こんな決まり手！

先生　「運命をこのくじにたくしてみよう！」
先生　「(ドラムロールなどを口ずさんで) えい！」
先生　「誰かな, 誰かな……, ○○番の人, よろしく！」

注意事項！

- くじ引きで指名された番号の人は, 必ず発表しなくてはいけません。心の準備をしておきましょう！

解説

　こちらも特に意図的に当てる必要のない場面でやるとよい。子どもたちはくじが大好き！　番号が読みあげられる瞬間は盛り上がる。

　割りばしに番号を書いたものなどを使って，くじ引き用に１つ教室に準備しておくと便利である。

　また紙で作っておいて，当たるたびにそれらを省いていき，どんどん数が少なくなるようにしておくと，最終的には全員平等に指名されることになる。いずれにせよ，淡々とくじを引くのではなく，盛り上げる演出はしたいものである。

応用 ！

■ルーレットを用いる

　ただどんなルーレットを用いるかが重要になる。理想はみんなに回っている状況が見えるものがよい。テレビで見るような，縦の貼り付け型がよいが，準備するにはハードルが高い。床に置くタイプのものでそれを書画カメラなどに映すとわかりやすい。また，人数が多い時は，０～９までのルーレットを十の位，一の位と２回回して番号を決めるのもドキドキが増して楽しい。エクセルなどを使って，名前入りのルーレットも作成できる。

■ペア決めやグループの順番決めにも使える

　１と21，２と22などでペアを組む。グループ別発表の時の順番決め抽選会など。

禁じ手

くじやルーレットとともに，チップが飛び交うようなことはやってはならない……。

ただただおもしろい　指名の方法48手　　59

指名の方法 23 手目

○秒後指名

こんな決まり手！

先生　「さあ，それぞれの考えをノートに書きましょう。いまから180秒したら挙手しましょう。一番近くで挙手した人に発表してもらいますね」
（できれば時計は隠すか見えないところに）
子どもたち「はい！」「はい!!」
先生　「一番近かったのは○○くん！　185秒！」

注意事項！

- 数は心の中で読みましょう。声を出して数えてはいけません。

解説

　こちらも遊び要素が大きいが，時間を意識させることにもつながる。学校の先生にもよく言われることだが，学校現場では時間の感覚が緩い。できるまで待ってあげることも多い。もちろん大切な配慮である。しかし，決められた時間でできるかぎりのことをすることも身につけさせたい力である。

　最初は，短い時間からはじめてみる。時計を見るのを OK してもいいだろう。3 学期には，時間を意識できる集団になっているはず！？である。

　時に，あまりに早すぎたり，遅すぎたりする子もいるだろう。そんな時は，ぜひ笑いにしてあげたい。また，ピタリ賞がでた時には，大いに称賛して盛り上げたい。

応用！

■ 何度かしていると慣れてくる。時には「では，この問題を答えてくれる人……1秒後に！」と早い者勝ちなどにすると盛り上がる

　1秒後に！　を続けた後に，「……20秒後に！」などとフェイントを変えると思わず挙手してしまう子もいるだろう。

■ 指名した後に，「○○秒ちょうどで話をしましょう」というのも時間を意識させる方法としてはよい

禁じ手
10000秒後や○時間後など，教師が忘れてしまうような長い時間を設定するのはやめた方がよい……。

ただただおもしろい　指名の方法48手

指名の方法 24 手目

国語辞典指名

こんな決まり手!

先生　「(国語辞典をペラペラめくりながら) さぁどこにしようかな〜」
子どもたち「ストップ!」
先生　「(ドラムロールなどを口ずさんで) えい!」
先生　「なになに? 『なつ』と書いてあるね。では,はじめに『な』のつく中島さん!」

注意事項!

- どんな強引な指名のされ方でも,指名された人は,必ず発表しなくてはいけません。心の準備をしておきましょう!

解説

　分厚い国語辞典や漢字辞典などを指名に用いる。方法は至って簡単。ペラペラとページをめくる。ストップしたところのページに書いてある言葉と一番近い名前の子を指名する。例えば、「た」のページが開いたなら、「田中さん、田島さん」や「近田さん、塚口さん」といった具合である。

　いつも同じ感じでやっていると、真ん中のあたりでストップしてしまう（あ行の子は指名されない）。タイミングを変えたり、辞書を逆さ持ったりと工夫をされたし。

　当然ながら、辞書の本来の正しい使い方は、しっかり指導してもらいたい。

応用

■ 言葉ではなく，ページ数で指名する

　236ページなら、6番、36番、全部足して11番など、いろいろと応用はできる。

■ 教科書で行うこともできる

　出てきたページや開いたページに書いてある言葉などから指名していく。

■ 頭文字ではなく，出てきた言葉から無理やり連想して指名していく

　例：「なつ」と言えば、暑いね。暑いと言えば泳ぎたくなるよね。泳ぐと言えば水泳の得意な○○さん！

禁じ手

広辞苑などあまり重たいもので頻繁に行うと腱鞘炎になりかねないので注意……。

ただただおもしろい　指名の方法48手

指名の方法 25 手目 占い指名

こんな決まり手！

先生 「では，次はこの人に発表してもらうよ！」
（と言って占いをはじめる。「ほーほーほー。なるほど！」などと適当なことを言う）
先生 「エーイ！ 見えたぞ！ ○○さんじゃ！」

注意事項！

- 先生が決めているのではありません。占いの結果です。誰になってもがんばって答えましょう！

解説

　じゃんけんをする前に，なにを出すのか占うポーズ。昔から各地でいろいろな方法で行われていたのではないだろうか。実際にはなにもわからない場合が多い。子どもたちは，占いが大好きである。その占いに運命をたくす。発表希望者が多い時，いない時の両方に使える。

　また，いつもわかっているのに発表しようとしない子を指名するのにも都合がいい。先生が決めているのではない。あくまで占いの結果である。教師自身が役者，いや易者になって占い師気分を存分に楽しんでもらいたい。

応用 !

■「なになに？　朝，パンを食べてきた人と出ておる」「ほっほー，赤い服を着ている子じゃな」などと適当に条件をしぼっていくのもおもしろい

　ただし，一人を指名するのに，相当な時間がかかるので，余裕のない時はやめた方がよい。

■高学年など，慣れてくると先生よりもうまく演じる子も出てくる。時には，子どもに指名役をさせるのも楽しい

■怪しげな水晶（ボールなどでもよい）を取り出して占ったり，適当に祈ってみたりと占いの雰囲気を醸しだすとおもしろい

禁じ手

本格的にやりすぎて，夜うなされそうなほどの怖さは演出してはならない……。

ただただおもしろい　指名の方法48手　　65

指名の方法 26 手目

神様の言う通り指名

誰にしよーうかな♪

天の神様の言う通り〜♪

こんな決まり手！

先生　「では，次は誰に発表してもらおうかな」
子ども　「はい！」「はい！」「はい！」「はい！」
先生　「たくさんいるね」
先生　「誰にしようかな♪　天の神様の言う通り……〇〇さん！」

注意事項！

- 先生が決めているのではありません。神様の言う通りにした結果です。誰になっても恨みっこなしです！

66

解説

「誰にしようかな♪　天の神様の言う通り♪……」

誰もが一度は経験したことがあるんじゃないだろうか。地方によっていろいろな続きがある。筆者の地方では、「プリ, プリ, プリ, かきのたね, あぶらむし！」と続いた。周囲の人に聞いてみると「鉄砲打ってバン, バン, バン」や「ぶっとこいて, ぶっとこいて, ぶっ, ぶっ, ぶっ」など, 出身地により様々なフレーズが飛び出した。インターネット上には, いろいろな地方のものも紹介されている。

あくまで, ゲーム感覚の指名なので, 誰が当たってあまり関係ない場面で用いたい手である。

応用！

■ クラスのオリジナルフレーズを作らせても楽しい

「かきうちせんせいの言う通り♪　ドス, ドス, ドテ, 先生があわてて転んだよ♪　たいへんだ！」など, 係に作らせてもおもしろい。

■ その日にあったことを入れても盛り上がる

「誰にしようかな♪　神様はおいかりだ♪　宿題を忘れた人がいっぱいだ, コラ, コラ, コラ！」など適当に決める。終わりそうになったら, 少し間をあけて続けるなどして, いつ終わるかわからないのも盛り上がる。

禁じ手

「そもそも神様なんて信じていない！」などと指名を拒否されるような雰囲気で行ってはならない……。

ただただおもしろい **指名の方法48手**

指名の方法 27 手目

紙飛行機指名

こんな決まり手！

先生　「さあ，次は，誰に発表してもらおうかな」
子ども「はい！」「はい！」「はい！」
先生　「では，この紙飛行機に運命をたくしてみよう！」
先生　「それー！！」

紙飛行機が飛んで行き，着陸したところに一番近い人を指名！

注意事項！

- 飛んでいる最中の飛行機をつかみ取ってはいけません！
- 着陸した時にちゃんと座っていない人はアウトです！

解説

　みんな大好き紙飛行機。紙飛行機を飛ばし，その紙飛行機の落ちた人が指名されるという，ごくごく単純な方法。単純だが盛り上がる。

　みんなが指名されたい時，されたくない時の双方に使える。滞空時間の長い紙飛行機だとなおよい。いろいろな紙飛行機で試していただきたい。

　ただし，休み時間に紙飛行機ブームが起こる可能性があるので注意されたし。

応用！

■ 指名された人が次に紙飛行機を投げる権利をもらえる

　みんながやりたい紙飛行機を投げる役，これで飛行機が飛んでくるとさらに大盛り上がり間違いなし！

■ 2，3機の紙飛行機を同時に飛ばす

　2機が同じ人にいくと大きな笑いに包まれる！

■ 目をつぶっている間に飛行機を投げる。「せーの！」で目を開け，みんなで飛行機を探す

　時には，絶対おちっこない机の中などに入れておくと，みんなで大騒ぎ。見つけた時は歓声に包まれる！

禁じ手
直線的に飛ぶ紙飛行機を使用して，直接子どもたちの頭に突きささるような事態は起こしてはならない……。

ただただおもしろい　指名の方法48手

指名の方法 28 手目 我慢対決指名

こんな決まり手！

先生　「では，全員立って目をつぶって片足で立ちましょう！」
子どもたち「よーし！」
先生　「よーい，スタート！」
　　　（グラグラして，足がついた人から座っていく）
先生　「最後まで，残った○○さん！　発表よろしく！」

注意事項！

- 倒れそうになったからといって，となりの人を道連れにしてはいけませんよ！

解説

　勝負することが，子どもたちは大好きである。くだらないことでも燃える。みなさんもそんな経験が一度や二度あるんじゃないだろうか。指名にもその楽しさを取り入れる。

　「目をつぶって片足立ち」これは単純で楽しめる。どの子もがんばろうとする。勝ってしまったら発表するということも忘れるほどにがんばる。もし，みんなが発表したくないという雰囲気に包まれているなら，一番最初に足をついた人が発表という方法もある。

　ただし，一人の発表者が決まるまで相当な時間を要することと，まったく授業に関係ない流れになること間違いなしなので，使用場面には注意を払いたい。

応用！

■「息の続く限り声を伸ばし続ける対決」も盛り上がる

　比較的早い段階で勝負が決まる。ただし，うるさいということと終わった後は息が切れて発表どころではないことが問題である。

■「まばたきしてはいけない対決」など，一度に全員を判定しにくいものは二人組やグループで勝負する

　トーナメント方式にしても盛り上がるが，相当時間がかかることは覚悟しなくてはならない。

禁じ手

息止め対決，トイレ我慢対決など，命にかかわる対決，身体に悪影響を及ぼす対決を行ってはならない……。

ただただおもしろい　指名の方法48手

指名の方法 29 手目 じゃんけん指名

こんな決まり手！

先生　「では，いま手を挙げている人，先生とじゃんけんです」
子どもたち「やったー！」
先生　「じゃんけんポン！……勝った人だけ残ります」
　　　（負けた人，あいこの人は座っていく）（繰り返す……）
先生　「最後まで，残った○○さん！　発表よろしく！」

注意事項！

- みんなに見えるようにしっかり出しましょう。後出しはもちろんだめですよ。

解説

　子どもたちにとって馴染みの深いじゃんけん。給食のおかわりじゃんけん，鬼ごっこのオニを決めるじゃんけんなどじゃんけんは生活の一部となっている。テレビ番組などでも，じゃんけんをする場面はよく目にする。

　じゃんけんのよさはその明快さと平等性にある。四の五の言わず，グー・チョキ・パーに願いをこめて，じゃんけんで決着をつける。その潔さがいつの時代にも輝きを放つ。このじゃんけんを利用して発表者を決める。単純明快だが，やはり盛り上がる。

応用！

■勝った人ばかりが残るバージョンのみならず，負けた人が残る。あいこの人が残るバージョンも状況に応じて組み入れていく

■となりの人やグループなどでじゃんけんをして一番勝った人や負けた人が発表する

　トーナメント方式にしてもよいが，相当時間がかかる。

■全身でグー・チョキ・パーなどを表現する「体じゃんけん」も楽しい。空間の広い運動場や体育館ではなおよい

　クラスでオリジナルじゃんけんを考えるのも楽しい。

禁じ手

先生のクセがばれて，同じものばかり出すことを読まれ，いつも負けてばかり……。

ただただおもしろい　指名の方法48手

指名の方法 30 手目

しりとり指名

「「そ」から始められる人！」

「そうだと思います」

こんな決まり手！

子ども 「わたしは……だと思います」
先生　 「では，つぎ『す』から続けられる人？……はい○○さん」
子ども 「すぐにそう決めつけるのはどうでしょう」
先生　 「つぎ『う』から続けられる人？……はい○○さん」
子ども 「う〜んと悩むところですが，ぼくは……」

注意事項！

- 前の人が何と言って終わるのかよく聞いておきましょう。
- どの言葉だと次の人につながりやすいかな。

解説

　誰もが一度はしたことがあるしりとり。これも無理やり指名に入れてしまう。最初は，教師が「では，しりとり発表！　『お』から始めよう！」などと指定します。そこからは，語尾を引き継ぐ文で発表をつないでいきます。

　どうしても，「……と思います」「……じゃないでしょうか」など同じ語尾で終わりがちである。「す」攻撃「か」攻撃が続くことになる場合は，途中で切るなどして，違う語尾からのスタートを入れてみるのもよい。

応用 !

■ 50音表にチェックしながら，みんなで全制覇をめざすのも，苦労はするが楽しい

　「それは……だと思いますぜ」「……じゃないでしょうか。でもこうも思います。あれ？」など不自然な終わり方も出てきて笑える。

■ 最後の1文字ではなく，2文字をしりとりして

　例：「……だと思います」→「ますます難しくなりますが……」
「……でしょうか」→「うかうかしてられないですね。わたしは……」

■ 「ん」がついたらアウトではなく，あえてよく出そうな「す」などをアウトに設定する

禁じ手

「わかりません」「できません」はもちろん「ん」で終わるからアウトである……。

ただただおもしろい　指名の方法48手　　75

指名の方法 31 手目

さあ，どっち！ 指名

こんな決まり手！

先生 「では，いま手を挙げている人，立ちましょう」
先生 「先生の右手か左手に消しゴムが入っています，入っていると思う方の手を挙げましょう」
子どもたち（予想してどちらかを挙げる）
先生 「正解は……。こっちでした！」（繰り返す……）
先生 「最後まで，残った○○さん！　発表よろしく！」

注意事項！

- 2分の1の確率。みんな予想します。悩みすぎず直感で選びましょう。

解説

「さあ，どっち？」教師のこの発声とともに，2分の1に運命を賭ける。単純でどの学年にもうける。消しゴムなどを上へ放り投げ，両手をクロスさせながらさっとどちらかの手でキャッチする。どちらに入っているかわからないようにキャッチできれば，なお盛り上がる。この技術は身につけたい。

この勝負に参加したくて，いつも自分からは挙手できない子も挙手してくれれば儲けものである。ギャンブル的要素もあり，頻繁に使うことは避けたいが，授業に盛り上がりを欠く際に利用されたし。

定番 / 演技派 / ゲーム / 交流

応用

■ 消しゴムキャッチに限らず，2分の1になるものなら何でもできる。いろいろな技術を身につけ，試してみよう
コップのどちらにボールが入っているか，トランプのどちらがジョーカーか，など。

■ 「どっち」の2択を問題形式にするのも楽しめる
例：日本の祝日は全部で15日である⇒○

■ 子どもに答えを教えてもらうバージョンにするとみんなで参加できる
例：「○○さんの朝ごはんはパンだった？　ご飯だった？」

禁じ手
コップにサイコロを入れて振り，「半か丁か？」を当てるのは，あまりにイメージがよろしくない……。

ただただおもしろい　指名の方法48手

指名の方法 32 手目　似顔絵指名

こんな決まり手！

先生　「次は誰に発表してもらおうかな」
先生　「(似顔絵の書いた絵を見せながら) じゃあ，この人！」
子どもたち「え～，誰～？」「○○さんかな」
先生　「では，自分だと思う人発表をどうぞ！」

注意事項！

- 全然似ていないのに，自分だと言い張ってはいけません。反対に明らかに自分なのに知らんぷりしてもいけませんよ！

解説

　似顔絵を示し「この人どうぞ！」なんというういい加減な指名であろうか。個を特定できるほどの画力を兼ね備えているのならばいざ知らず，そんな力を持っている人はそうはいない。では，写真を使えばと考えそうなものだが，この手はいい加減な絵だからこそ意味がある。そして，おもしろい。

　「じゃあこの人！」と示す（その場で黒板に書くのもよい）。すると，子どもたちは一斉に「誰だ，誰だ」となる。いままで無関心に眺めていた子どもも。授業への参加率が低いなと感じた時にぜひ試していただきたい。

応用 ！

■まったく似ていない絵を出して「はい，○○くん」と指名する
　○○くんの驚いた顔とみんなからのツッコミがおもしろい。

■「では，明日はこの人たちに発表してもらいます」と複数名の似顔絵を示しておく。誰が指名されたかは，その時まで知らせない
　誰が指名されるのかドキドキ！

■グループごとの発表の際，発表者を決め，その似顔絵を子どもたちに書かせておく。「わたしたちの発表者はこの人です！」とみんなに見せてから発表すると予想もできておもしろい

禁じ手

あまりにひどい絵過ぎて，子どもたちが落ち込んだり，泣き出したりしないように……。

定番

演技派

ゲーム

交流

ただただおもしろい　指名の方法48手　　79

指名の方法 33 手目　友だち指名

次，○○さんどうぞ！

えっと…

こんな決まり手！

子どもA　「……に違いないと思います」
先生　　　「うんうん」
子どもA　「○○さんはどう思いますか」
子どもB　「わたしは少し違うことを思っていました。それは……です」
子どもB　「△△さん，どうでしょう」

注意事項！

- 自分の発表が終わったら次の人を指名します。いつも同じ人ばかりにならないようにしましょう。

解説

「では，○○さん」と先生が誰かを指名する。いつもこの一方的な関係を固定する必要はない。たまには子どもたちにさせてみよう。

この手は，発表者が次の人を指名する方法である。指名したいために，発表をがんばろうという子もいるかもしれない。

議論が進み，子どもたちの方から「先生は，どう考えますか」とリターンしてくるぐらいになれば，大いなる成長であろう。

同じ人ばかりが発言するのではく，できるだけ多くの人に発表してもらうことが目的の1つであることは，共有されたし。

応用!

■ これまで紹介した指名方法も活用してみる。それらを指名された子どもたちがする権利を得るとなると俄然やる気につながる

例：発表後，くじを引く，占う，紙飛行機を飛ばすなど。

■ 次の人をアイコンタクトだけで指名する

見つめ合う姿が微笑ましい。

■ まくら言葉をつけ加えて指名すると指名された方もうれしい

「いつもみんなに新しい考え方をくれる○○さん，どうですか？」「するどいつっこみを入れてくれる○○さんどうぞ！」など。

「今日も宿題を忘れている○○さん」など悪口にならないように……。

禁じ手

指名されたことを逆恨みして遺恨が残るような事態は引き起こしてはならない……。

ただただおもしろい **指名の方法48手**

指名の方法 34 手目

絶対答えてくれそう指名

こんな決まり手!

子ども「……わかりません」
先生　「では，誰かに助けてもらおう。この人ならきっと答えてくれるはずと思う人を指名しましょう」
子ども「うーん……○○さん！　お願い！」
先生　「OK！　それは……ではないでしょうか」

注意事項!

- みんなも，いつ何時助けを求められても大丈夫なように，しっかり心構えをしておきましょう！

解説

「では，○○さん」と指名する。指名された子は，もじもじしながら立ち上がり，小さな声で「わかりません……」よくある光景である。指名した方も，された方も，周囲の人もよい感じにはならない。授業も停滞してしまう。この雰囲気を打破する手である。

「わからない時は，絶対答えてくれそうな人を指名しましょう」とあらかじめ伝えておく。それだけで，「わかりません。○○さん，助けてください！」ともじもじすることなく話すことができるであろう。教師は，「おっ，○○さん。頼りにされているよ！」など，盛り上げることを忘れてはいけない。

応用！

■「絶対に素晴らしい答えをしてくれる○○さん。お願いします」など期待の言葉も添えるとなお盛り上がる

■ 逆バージョンの「絶対この人も答えられないはず指名」もおもしろい
　わからない者同士の妙な一体感が生まれる。

■「他にも聞いてなさそうな人」を指名させる
　先生や仲間の話を聞いておらず，不意に指名され「聞いてませんでした」ということも教室ではよくある。そんな時に使える。当てられた子が答えられても，答えられなくても笑いになる。

禁じ手
多用しすぎていつでもなんでも助けを求める子をそだててはならない……。

ただただおもしろい　指名の方法48手　83

定番

演技派

ゲーム

交流

指名の方法 35 手目 「せーの！」指名

こんな決まり手！

先生　「この場面の心情を考えて音読してもらいましょう。さあ，誰に発表してもらおうかな。読んでほしい人を『せーの！』で指差すよ」
子どもたち「せーの！」
先生　「おっ，○○さんがたくさん支持されているね。では，○○さん，よろしく！」

注意事項！

- みんなに選ばれたからには，その期待に応えられるように全力を尽くしましょう！

解説

　自ら挙手して堂々と自分の考えを発表する。もちろん素晴らしい姿である。しかし，この方法は違う。クラスの子どもたちが，「せーの！」で発表してほしい人を指名する。多くの仲間に推薦された子は，期待を背負って発表することになる。期待に応える発表をしたあかつきには，きっと感嘆の声や拍手に包まれることであろう。自ら挙手した時には，得られなかった達成感，満足感を感じることができるはずである。

　わかっているのに，できるのに発表しない，という子はどこにでもいる。そんな子どもたちを無理やり先生が指名するのではなく，子どもたちの期待という名のもとにひき出したい。

応用！

- **「両手でせーの！」とすると投票数が2倍になる！**
　ただし，数えるのに苦労するので覚悟を。

- **条件をつけて指名する**
　「きっとおもしろい発表をしてくれそうな人。せーの！」「みんなと違う発表をしてくれそうな人。せーの！」など。

- **目をつぶって大体の方向で指名する**
　目を開けた瞬間びっくりというのも盛り上がる。

禁じ手

「せーの！」で全員が一斉に自分を指差す。
「せーの！」で先生を指差す……。

ただただおもしろい　指名の方法48手

指名の方法 36 手目 無指名指名

こんな決まり手！

先生　「みなさんはどちらだと思いますか。無指名で」
子どもたち「……」
子ども「(立ち上がって) はい，Aだと思います。なぜなら……だからだと思います」
子ども「(立ち上がって) わたしもそう思います。……」

注意事項！

- もし同時に立ち上がってしまった時は，アイコンタクトで譲り合いましょう。

解説

　指名の方法と言いつつ，この手は指名をしない。自分の考えがまとまり次第，立ち上がって話を始める。全員発表をめざしたい。指名してもらえず，自らの意志で立ち上がり発表する分，苦手な子にはハードルが上がる。しかし，それを乗り越え，クラスみんなが発表できた時には，盛り上がる。

　じっくり考えさせたい場面，自らの意志で発言することが大切な場面などで用いたい。同時に立ち上がって，互いに「どうぞ，どうぞ」と譲り合う場面は微笑ましい。

応用

■ 1時間の授業内で全員が発表できた時にはみんなで万歳するなど決めておくと，励みになる

■「無指名，女子」「無指名，1～4班」など無指名発表できる子の条件設定をする
　「無指名,やる気満々の人」「無指名,眠たい人」「無指名,お腹ペコペコの人」などもおもしろい。

■ 全員起立の状態から始める。発言した人から座っていく。だんだん人数が減っていくとドキドキする

禁じ手

何分待っても，誰も発言しようとしない発問。「はい」「いいえ」ですぐに答えられる発問……。

ただただおもしろい　指名の方法48手

指名の方法 37 手目
おとなりさん指名

おとなりさんに発表しましょう

こんな決まり手！

先生　「さあ，この３つの方法でどれが一番いいかな？」
子どもたち「Ａかな」「Ｂじゃないか」
先生　「では，おとなりの人に自分の考えを伝えましょう」
子ども　「ぼくは，Ｂだと思うよ。なぜなら……」
子ども　「わたしは，Ｃだと思うな。だってＢよりも……」

注意事項！

■ 交代で自分の考えを発表し合います。必ず交代でどちらもが話すようにしましょう。

解説

　36手目と同様に，この手も指名の方法と言いつつ，1人の子を指名しない。教師の「おとなりさん発表」の指示があると，となりの席の人に自分の考えを述べる。

　6手目で紹介した「右⇔左指名」に似ているが，どちらから話してもよいという点，必ず2人ともが話をしなくてはいけないという点で異なる。必ず全員が話さなくてはいけない状況となる。

　選択肢があり，なんらかの答えを全員が持てそうな場面，多様な考え方が生まれそうな場面などで用いるとよいだろう。

応用

■「おとなりの人に自分の考えを伝えましょう。ただし，日本語禁止です！」
とすると，あの手この手で懸命に伝えようとする姿がおもしろい

■「声を出してはいけない。ジェスチャーのみで伝える」などの条件をつけ加えていく
　全身を使って伝えなくてはならないので，どんどん動きが大きくなっていく。必死の姿が微笑ましい。ほかにも「口パク」も禁止，など条件をつけることで難易度が上がる。

■ホワイトボードなどを介して，イラストで考えや思いを伝え合う
　珍解答も出てくると盛り上がる。

禁じ手

となりの席がすごく遠い，となりとの通信手段が糸電話などといった時……。

ただただおもしろい　指名の方法48手

指名の方法 38 手目 盛り上がってる組指名

こんな決まり手！

先生　「おとなりさん発表。さあ，2人で考えを出し合おう」
子ども「ぼくは，Bだと思うよ。なぜなら……」
子ども「わたしは，Cだと思うな。だってBよりも……」
先生　「一番話し合いが盛り上がっている組に発表してもらいますね」

注意事項！

- 2人で考えを発表し合います。先生は話し合っている姿をしっかり見ていますよ！

解説

　37手目の応用。二人組で話したことは，できれば全体共有する時間も持ちたいものである。しかし，全組に順番に発表させていたのでは，時間があまりにもかかってしまう。また，全員が同時に話を始めるので，いい調子で話し合う組がある一方で，あまりよい雰囲気になれず無駄に時間を過ごしてしまう組があっても埋もれてしまう。そんな時におすすめの手である。

　「おとなりさん発表」の最中に，「もっとも盛り上がって話し合いをしている組に発表してもらいます」「もっとも真剣な顔で……」「もっとも楽しそうに……」など少しはっぱをかけることで，俄然やるきが上がる。

応用 !

■ 逆に「もっとも話し合いが盛り下がっている組に発表してもらいます」とすると，話の弾んではなかった二人組が急に話に熱が入ることも！

■ 発表する側を育てるだけでなく，聞き上手も育てる場としたい
　うなずく，合いの手を入れる，身振り手振りでこたえるなど。

■ これまでに個を指名する際に登場した手を加えるとさらに盛り上がる
　13・14手目の2人で顔・全員アピール，22手目のくじ引き，25手目の占いなど。喜びも悲しみも2倍になる！

禁じ手

「イエーイ!!」「ウォー！」など訳のわからない盛り上がりを許してはならない……。

ただただおもしろい　指名の方法48手　　91

指名の方法 39 手目 となりの人いいな指名

こんな決まり手！

先生　「おとなりさん発表。さあ，場面を考えて音読してみよう」
　　　（交互に発表）
先生　「みんな終わりましたか。では，何人かに発表してもらいましょう。おとなりの人よかったよという人」
子どもたち「はい！　はい！」
先生　「では，○○さんおすすめの△△さん，お願いします！」

注意事項！

- 仲間のがんばりをどんどん認めていきましょう！　指名された人も，期待に応える発表をしましょう。

解説

こちらも二人組発表の応用となる。となりと話し合ったこと、発表し合ったことを全体共有したい際に用いる。

「となりの人いいな」と思った人が挙手をする。いわゆる推薦である。自ら挙手する立候補とは異なり、お墨付きをもらっての発表になるので、発表者の気持ちの負担も少ないであろう。

しかし、無責任に推薦だけして知らんぷりでは困る。時には、「なぜその人を推薦したのか」を推薦者に問うことで、適当な推薦は防ぎたい。また、推薦した人が、答えられなかったり、推薦するに遠く及ばなかったりした場合には責任を取ってもらう。「では○○さん、責任を取ってどうぞ！」で笑いが起こる。

応用！

■ 逆に「となりの人いまいちだった人」も入れてみよう。「では、本当にいまいちだったか聞いてみよう！」で盛り上がる

推薦された子が傷つかないよう配慮は忘れてはいけない。

■ 「となりの人が言ってること、よくわからんかった人」もおもしろい

「ほんとうによくわからんのか聞いてみよう」で盛り上がる。とにかく理屈っぽい子なんかがいると楽しい。

禁じ手

推薦してほしいがために、となりの席の人に不当な圧力や金品を送ってはならない……。

ただただおもしろい 指名の方法48手

指名の方法 40 手目 グループの代表指名

こんな決まり手！

先生　「この問題についてどうするべきか，グループで話し合いましょう」
　　　（グループで話し合い）
先生　「みんな終わりましたか。では，グループで代表を決めて，発表してもらいましょう。みんなの投票で決めましょう」
子どもたち「○○さんがいいと思う人？」「△△さんが……」
先生　「では，１班からどうぞ」

注意事項！

- グループの代表です。なるべくいつも同じ人ばかりにならないようにしましょう。

解説

　学級において，数人のグループで話し合いをすることはよくあることだろう。そこで話し合われたことを全体に共有していきたい場面で用いる。班長が発表する，順番に発表する，先生が決めた人が発表する，などいろいろな方法も考えられるが，せっかくの機会である。グループの代表も楽しみながら子どもたちに選ばせてみたい。

　時には，なぜ○○さんが代表に選ばれたのかを問うことで，いろいろな選び方を広げていく。「○○さんだけ朝ごはんがパンだったから」「にらめっこで決めた」「指相撲でチャンピオンだったから」などユーモアあふれる決め方はどんどん取り上げていきたい。

応用 !

■ 教師の方から，盛り上がりそうな条件を提示していくのもよい

　例：「じゃんけんで一番勝った人」「グループで一番優しいと思う人」「先生のことをもっとも愛している人」など。

■ 教師によるランダム指名

　自分が発表者ではないとわかると話し合いに熱の入らない子どもも現れる。そんな時にこの方法をとることで，油断できない状況をつくるのもよい。

■ 22手目の「くじ引き」や27手目の「紙飛行機指名」などを組み合わせてもおもしろい

禁じ手

決め方が殴り合いのケンカになるようなことを助長してはならない……。

ただただおもしろい　指名の方法48手　　95

指名の方法 41 手目　みんなで声をそろえて……指名

こんな決まり手！

先生　「では，なぜＡはこう言ったのでしょう」
先生　「グループで考えてみましょう」
先生　「では，どこかの班に考えを発表してもらいましょう」
子どもたち　「はい！」「はい！」「はい！」
先生　「では，３班の人たち。どうぞ！」
子どもたち　「せーの！」「きっとＡは……と思ったからだと思います」

注意事項！

- みんなに聞き取ってもらえるように，グループで声をそろえましょう！

解説

　グループで話し合ったことを代表者が発表するといった方法はよくとられる。全体で共有していくためには，よい1つの方法である。しかし，代表にならなかった子どもは，途端に他人事となり，学習から気持ちが離れてしまうといったことも少なくない。

　この手は，みんなで出し合った答えをみんなで声をそろえて言うのがミソである。一言一句同じように，しかも速度も合わせて言わないとずれてしまう。グループでの認識の統一が不可欠となる。それは，必然的にグループでの話し合いの活性化につながるであろう。

　しかし，あまりうれしい事態ではないが，なにを言っているかがわからないぐらいずれてしまった方が，結果的に笑いは起こる。

応用！

■計算ドリルなどの答え合わせをこの手で行ってもおもしろい
　打ち合わせなしで行い，1番から順番に答えをみんなで言う。

■選択肢をつくり，「せーの！」でその答えを答える。みんなの答えが1つになったら盛り上がる
　例：「信長，秀吉，家康。もっとも優秀なリーダーは誰でしょう。せ〜の！」

■最後はクラスみんなで声をあわせて！　で大盛り上がり!?

禁じ手
絶対にそろえられないぐらい，解答しなくてはいけないことが長い……。

ただただおもしろい　指名の方法48手

指名の方法 42 手目 みんなでジェスチャー……指名

こんな決まり手！

先生　「この前学習した三角形の面積の公式，覚えているかな」
先生　「グループで確認しましょう」
子どもたち「底辺×高さ÷2だったよね」
先生　「では5班の人，声を出さずジェスチャーで表してください」
子どもたち「え〜！」
先生　「じゃあ，1分で準備しよう！」

注意事項！

- どのように役割分担するかが重要ですよ！
さあ，みんなで協力して考えましょう！

解説

　41手目では，みんなで声をそろえて答えることを試みた。この手では，「声を出してはいけない。ジェスチャーで答える」と条件をさらにつけ加える。クラスの仲間に伝えることが最大の目的である。どのようにジェスチャーするとより伝わるのか，仲間と相談することはやはり不可欠である。

　言葉で発表することは苦手であっても，ジェスチャーならいけるかもしれない。仲間と一緒ならば乗り越えられるかもしれない。あまりピリピリせずに，ぜひ楽しい雰囲気で取り組んでもらいたい。

　「声をそろえて」と同様，なにをやっているかがわからないぐらいのジェスチャーの方が，大いに笑いが起こる。

応用

■ 計算ドリルなどの答え合わせをこの手で行ってもおもしろい
　ただし時間は相当かかる。5人で5桁の数字を表したり，小数点を頭やおしりで表したりするとおもしろい。

■ ABCなどの選択肢をつくり，「せーの！」でその答えをジェスチャーで答える。目を閉じてもおもしろい。みんなの答えが1つになったら盛り上がる

■ 伝言ゲーム方式で，列指名した後，先頭から後ろへ答えをジェスチャーで回していく。最後の人が答える

禁じ手

絶対にジェスチャーでは伝えられないぐらい解答しなくてはいけないことが複雑……。

ただただおもしろい　指名の方法48手

指名の方法 43 手目 全員指名

こんな決まり手！

先生　「AとBではどちらがよいでしょう。理由も考えましょう」
先生　「では，その考えを1人でも多くのクラスの仲間に伝えましょう」
子どもたち「（自由に動き回りながら）わたしは，Bの方がいいと思います。なぜなら……」

注意事項！

- 全員が発表者です。自分の考えをしっかり伝えましょう。
- 1人でも多くの人に伝えられるようにしましょう。

解説

　ここまでは個人やグループでの指名の方法を紹介してきた。いずれの方法にしても，個人もしくは一部が指名され，みんなの前で考えを述べるということには変わりがない。みんなの前で，注目を浴びながら，発表することはとても大きなプレッシャーもあるだろう。

　この手は一度に全員を指名している。指名されたからには，自分の考えを持ち，自分の言葉で伝えなくてはならない。だが，その伝えている様をみんなに見られるプレッシャーはない。個別指名の前段階としても有効である。

　全員に自分の考えを持たせたい，伝えさせたい場面に有効である。

応用

■「では，自分の考えを○人に伝えましょう！」など人数指定をすることで積極的に伝えることにつなげる

■同じ考えの人を集めることを目標として設定するのも楽しい
　同じ考えの人を見つけたら，ハイタッチするなどの約束を決めておくとより盛り上がるだろう。

■男子から女子に発表，女子から男子，右半分から左半分，前半分から後ろ半分など，発表者と聞き手を指定しておくのもよい

禁じ手
全校が集まる場など，あまりに大人数すぎて，収拾がつかなくなるような場合は避けた方がよい……。

ただただおもしろい　指名の方法48手

指名の方法 44 手目 わかる人→わからない人指名

こんな決まり手！

先生 「これは難しいね〜。では,この問題が説明できる人？」

子ども （数人の手が挙がる）

先生 「では,いま手を挙げている人は手を挙げていない人に説明しに行きましょう！」

注意事項！

- なるべく多くの人に伝えに行きましょう。手を挙げていない人全員がわかるようにすることが目標です。

解説

集団で学習を進めていると，すぐに理解できる子と時間がかかる子がいる。時には，いつもはのんびりしている子がぱっとひらめき，その活躍を称賛されることもある。だからこそ集団で学ぶ意義がある。楽しさがある。この差を大いに活用して双方にとってメリットのある時間にしたいものである。

この方法は，現時点でわかっている子（わかっているつもりの子）がまだわからない子に説明しにいくといういたって明快な方法である。個別指名だと，数人しか指名できない。しかし，この方法だと発表したかった子すべてが自分の考えを述べることができる。多くの子をヒーローにすることにつながるであろう。

応用！

■「この人の説明わかりやすかったという人を教えてください」と教えてもらった人に，優れた説明をした人を指名してもらうのもよい

■ 伝えに行く側の条件をつけてもおもしろい
ジェスチャーで伝えよう，スリーヒントで伝えよう，など。

■「わかる人のところに一列に並びましょう。そして，順に小さな声で後ろの人に伝えていきましょう」と伝言形式にすると楽しい

禁じ手
ほとんどの子どもが「わかる側」にいて，「わからない側」が大人数に取り囲まれるような場合は避けたい……。

ただただおもしろい 指名の方法48手

指名の方法 45 手目 わからない人→わかる人指名

こんな決まり手！

先生　「これは難しいね〜。では，この問題が説明できる人？」
子ども（数人の手が挙がる）
先生　「ほんとにわかったのかな〜。では，いま手を挙げていない人は手を挙げている人に聞きに行こう！」

注意事項！

- いろいろな人に聞きに行っていいですよ。わかるまで聞きに行きましょう。わかったら，教える役に変わりますよ。

解説

　44手目の逆パターンである。ここでも，理解の差を活用して双方にとってメリットのある時間にしたい。手を挙げられずにいる子が今度は聞きに行く。動く側が逆になっている。現時点でわかっている子（わかっているつもりの子）にまだわからない子が聞きにいくといういたって明快な方法である。

　44手同様，挙手しているもの全員が自分の考えを述べることができるのが大きなメリットである。

　挙手している子が少ない時は，多くの聴衆を集めることになる。素晴らしい発表，説明のあとの拍手が沸き起こると大盛り上がり間違いなしである。

応用 !

■ 15手の発表したい演説指名のように，挙手している人が自分に聞きに来るとこんないいことがあるよとアピールする時間を設けるのもおもしろい

■ 「30秒以内で説明しましょう」「言葉を発せずに伝えましょう」など条件をつけることで，より楽しい時間となる

■ 「ほんとはこの人わかってなさそうだなと思う人のところに聞きにいきましょう」とするといつものお調子者のところに人が集まり笑いが起きる
　　いやな雰囲気にならない状況で用いたい。

禁じ手

わかる人が1人もいないような発問をしてしまうと成り立たない……。

定番

演技派

ゲーム

交流

ただただおもしろい　指名の方法48手　　105

指名の方法 46 手目　全員で声をそろえて……指名

こんな決まり手！

先生　「徳川家光が武家諸法度に加えた制度はなんだったかな」
子どもたち　「はい！」「はい！」「はい！」
先生　「みんなで声をそろえて答えてもらいましょう！　せーの！」
子どもたち　「参勤交代！」

注意事項！

- みんなしっかり声を出して答えましょう！自信がないからといって，黙っていてはいけません！

解説

41手目のグループで声をそろえて発表する方法の拡大版である。つまり全員を指名しているということになる。復習の場面など、全員で確認したい時に有効である。しかし、全員がちゃんと言えているかは確認しづらいので、過度の信頼は禁物である。

ただ、この手は一体感がここちよい。復習のみならず予想を当てずっぽうで答える場面などにも使える。もし全員で答えがそろった時には大いに喜びたい。

また、41手同様、こちらもなにを言っているかがわからないぐらいずれてしまった方が、結果的に笑いは起こる。

応用

■ 計算ドリルなどの答え合わせをこの手で行ってもおもしろい
　1番から順番に答えをみんなで声をそろえて言う。

■ 選択肢を作り、「せーの！」でその答えを答える
　最初は2択からはじめると楽しい。全問正解でご褒美!?　みんなの答えが1つになったら盛り上がる。

■ 言葉で発表するのではなく、ジェスチャーで回答する。みんなの答えが一致すれば大成功！
　A、B、Cなどの選択肢を提示して、ポーズも決めておく。

禁じ手
絶対にそろえられないぐらい、解答しなくてはいけないことが長い……。

ただただおもしろい　指名の方法48手

指名の方法 47 手目　わかった人から……指名

こんな決まり手！

先生　「なぜお米づくりがはじまると争いが起こるようになったのでしょう。わかった人は先生にこっそり言いにきてくださいね」
子どもたち「う～ん」
子どもたち「あっ！　わかった！」
　　　（先生に次々と耳打ちにいく）
先生　「……よし！　正解」
先生　「……う～ん，残念！」

注意事項！

- 正解するまで自分の力でチャレンジしましょう。正解した人は答えを言ってはいけません！

解説

　答えがわかるとついつい声に出してしまう子どもがいる。そして，先生に叱られ，周りの仲間からもブーイングをもらうことになる。しかしその声に出してしまう子の気持ちもわからなくもない。せっかく答えがわかったのに，1人しか指名されず，あとの人は答える権利がもらえない。我慢できずに声に出してしまう……。

　この手は，そんな子どもたちがたくさんいるクラスにおすすめである。答えがわかると先生に耳打ちしに行く。すると正解不正解を先生が告げてくれる。いち早く正解になると鼻高々である。難しい問題やクイズなどを出題した時には盛り上がる。

応用

- 解答権を3回までなどと規定しておく

　　答えを言いに行くのも慎重になり，長蛇の列にはなりにくい。

- 「最初に正解した子を先生役とする」と決めておくと，俄然やる気が増す

- 珍解答はどんどん披露していく。また不正解を何回か続けるとペナルティなどのルールも盛り上がる

　　例：2回連続不正解で漢字練習1行。ケンケンで席に帰るなど。

禁じ手

答えるべき人が100人以上いる場合はこの方法は避けた方がよい……。

ただただおもしろい　指名の方法48手

指名の方法 48 手目
発表ビンゴ

中央に自分の名前，マスにはクラスの仲間の出席番号を入れる

こんな決まり手！

先生　「では，次は○○さん。どうぞ！」
子ども「はい。……だと思います」
子どもたち「あー残念！」「サンキュー！ リーチ！」
子ども「やったぁ！ ビンゴ！！」
先生　「おめでとう△△さんがビンゴです！」
　　　（子どもたちで拍手）

注意事項！

- その人が最後までしっかり発表できたら丸をつけます。つけたら「サンキュー！」と言います。

解説

　最後は番外編である。指名される人（つまり発表する人）でビンゴをしていくというふざけた方法である。しかし，このおかげで発表をがんばろうと思える子が1人でも増えたなら儲けものである。

　ビンゴに大いに関係するシートの中央には，必ず自分の名前を書く。ここでゲームを優位に進めるためには自分の発表が重要になる。あとは，周りにクラスの仲間の名前（番号）を入れていき，その子が発表してくれるのを願うのみである。

　名前を書いてくれている人が無事発表してくれたあかつきには，「サンキュー！」と声をかける。その数は期待の表れでもある。励みにもなるであろう。

応用

■ いつも挙手している人ばかりに期待が集中しないように，様々な手を用いながら指名していく

　挙手していない子を日頃から指名しておくことで予想が分散する。

■ 1時間の授業で全員が発表できたならば，全員がビンゴすることになる

　みんなで全員ビンゴできた際には，大いに称賛したい。

禁じ手

発表してほしい相手にアイコンタクトを送るなどの行為は禁止である。ましてやにらみつけるようなことがあってはならない……。

定番

演技派

ゲーム

交流

ただただおもしろい　指名の方法48手

【著者紹介】
垣内　幸太（かきうち　こうた）
大阪府箕面市立萱野小学校。
1974年，兵庫県生まれ。大阪教育大学教育学部卒業。
2009年，関西体育授業研究会設立。
2015年，授業力＆学級づくり研究会（下記詳細）設立。

〈著書（共著含む）〉
・絶対成功シリーズ『学級力が一気に高まる！絶対成功の体育授業マネジメント』『導入５分が授業を決める！「準備運動」絶対成功の指導ＢＯＯＫ』ほか
・ＳＵシリーズ『３年目教師　勝負の学級づくり』『同　勝負の授業づくり』『同　勝負の国語授業づくり』ほか（以上明治図書）
・『算数授業で学級づくり』（東洋館出版社）

授業力＆授業づくり研究会（https://jugakuken.jimdo.com/）
「子ども，保護者，教師。みんな幸せ！」を合言葉に発足。
教科・領域，主義主張にとらわれず，授業力向上とみんなが幸せになれる学級づくりについて研究を進めている。
大阪を中心に，月１回程度の定例会，年４回程度の公開学習会を開催。

〔本文イラスト〕木村美穂・モリジ

教師力ステップアップ
笑顔で全員参加の授業！
ただただおもしろい指名の方法48手

2018年９月初版第１刷刊	©著　者	垣　内　幸　太
2020年１月初版第２刷刊	発行者	藤　原　光　政
	発行所	明治図書出版株式会社

http://www.meijitosho.co.jp
（企画）木村　悠　（校正）中野真実
〒114-0023　東京都北区滝野川7-46-1
振替00160-5-151318　電話03(5907)6702
ご注文窓口　電話03(5907)6668

＊検印省略　　　　　　組版所　株式会社木元省美堂
本書の無断コピーは，著作権・出版権にふれます。ご注意ください。

Printed in Japan　　　　　　　ISBN978-4-18-278817-8
もれなくクーポンがもらえる！読者アンケートはこちらから